_____ 님,
찾으시던 시가 도착했습니다

_____ 님,

찾으시던 시가 도착했습니다

김태은 시집

별이 늦게 뜨는 계절이지만

오늘은 조금 일찍 띄워드립니다

시인의 말

어떤 마음은 쉽게 도착하지 않습니다.
말이 되기까지
여러 계절을 건너야 할 때도 있고
그저 무사히 닿기만을 바라는
편지가 되기도 합니다.

이 시집은
그런 마음들로부터 왔습니다.

누군가 흘려보낸 질문,
그 곁에 조심스럽게 놓인 대답,
그리고 아직 펼쳐지지 않은
당신의 이야기들.

2025년 9월
김태은

차례

시인의 말 - 007

제1부
햇빛은 너에게 먼저 닿는다

찾으시던 시가 도착했습니다	- 012
그 여름은 아직도 투명해	- 014
유리는 계절을 잊고 나는 너를 잊지 못해	- 016
사랑은 오래된 엽서처럼	- 018
청춘 해독제	- 021
입안에 녹은 여름	- 024
빛을 걷는 고양이	- 026
곡선의 고백	- 028
사랑은 무너지지 않게 누워 주는 일	- 030
궤도의 별	- 032
다시 듣고 싶은 노래	- 034
파랑 나비	- 037
수선日	- 040
공복	- 042

제2부

사라진 이름들, 밤을 두드린다

....

엄마 냄새	- 046
모래 위의 집	- 050
별이 되는 기도	- 053
한 문장처럼	- 056
예쁘지만 무력한 원형	- 058
젓가락 끝에 남은 온기	- 060
부르지 못한 이름	- 062
남은 밥	- 064

제3부

숨이 모자라는 날들

....

길을 건너지 않은 사람들	- 068
노랗게 익은 계급: 브런치의 사회학	- 071
의자에 앉은 익사자	- 076
균열 주의보	- 079

바쁘신가 봐요	- 082
입을 대신한 손	- 084
가 보자, 언젠가는	- 086
시간 여행자의 하루	- 088
시간 바깥의 사람들	- 091
생계형 거미	- 094

제4부
끝나지 않은 마음에게

무너지지 못한 감정들에게	- 100
그 계절의 무게	- 102
사라지는 척, 남는 마음	- 104
흘러가게 두라고	- 107
쉼표	- 110
사과는 오래 남는다	- 112
깨진 시간의 조각	- 114
나는 숲이었다	- 116
접었다 퍼다 놓지 못한 말	- 119
말랑함은 죽지 않는다	- 122
감각의 문장	- 125
느린 웃음의 계절	- 128

제1부

햇빛은 너에게 먼저 닿는다

찾으시던 시가 도착했습니다

낡은 우편함 안에
얇은 바람 하나가 머물러 있었습니다

그 안에는 질문 몇 줄이
오래 접힌 편지처럼
작게 숨 쉬고 있었습니다

괜찮으신가요
아직 거기 계시는가요

나는 아무 말 없이
종종걸음으로 봄을 건넜고
몇 겹의 계절을 되감아 눕힌 끝에야
비로소 이 글자를 씁니다

그대가 기다리던 시는
그날 두고 간 마음의 조각

잊힌 기억의 가장자리에
말없이 남겨진 문장으로
지금도 살아 있습니다

나는 그 위에
내 마음 하나를 접어
조용히 포개어 올립니다

별이 늦게 뜨는 계절이지만
오늘은 조금 일찍 띄워드립니다

___님,
찾으시던 시가 도착했습니다

그 여름은 아직도 투명해

하늘이 너무 맑아서
이름을 부르면 네가 돌아올 것만 같았다
창가에 앉아 오후의 빛을 조용히 읽었다
풀잎 끝에 맺힌 반짝임 하나하나가
너의 신호처럼 느껴졌다

여름은 이상하지
장면을 넘기다 보면 어느 순간
그 안에 너와 내가 나란히 서 있다
소리도 향기도 기억처럼 따라붙고
귓가에 스며드는 문장이 된다
그게 여름의 방식이었지

잊지 마
그 여름은 그저 한 계절이 아니었어
사라지는 데는 오래 걸리지 않았지만
그리움은 한여름의 설원처럼

끝끝내 녹지 않았다

그날 너와 걷던 강가엔
햇살이 물결처럼 웃고 있었고
우리는 말없이 더 많은 것을 나눴다

소란한 도시를 등지고
고요를 한 모금 마셨을 때
가장 먼저 떠오른 건 너의 웃음이었다

이상하게도
그런 순간은 언제나 너였다
매미 울음 속에 스며 있던
어린 날의 우리

그건 정말 청량했지
그리움마저 숨 쉬게 할 만큼
투명하게 빛나던 그 여름

유리는 계절을 잊고 나는 너를 잊지 못해

벽에 걸린 체리 액자 속
붉게 웃던 여름이 멎어 있다
물들다 만 계절의 틈에
너의 웃음도 고요히 접혀 있다

그날 넌 체리빛 원피스를 입고
햇살보다 먼저 웃었지
아무 말 없이 나를 바라보던
그 순간은 말보다 더 선명한 하루였고
나는 그 하루를 숨처럼 들이마셨다

이제 혼자 그 액자 앞에 선다
여름을 건너 네가 웃던 자리까지
무너지듯 다가간다
발끝은 숨결처럼 그 자리를 딛는다

그리고 매일 말을 건다

잘 지내냐고
여긴 아직도
네가 참 예쁘다고

유리는 계절을 잊는 법을 알고
나는 아직도 그걸 모른다

그래서 너는
언제나 미완의 열매 같은 여름

그래도 '그립다'는 말은 삼킨다
말이 없는 쪽이
더 너에게 닿을 것 같아서

나는 다만
익어가는 계절의 끝에 멈춰
붉게 멈춘 너를 오래 바라본다

사랑은 오래된 엽서처럼

그해 여름
당신 이름을 처음 불렀던 날의 공기가
아직도 집 안 어딘가
희미하게 머물러 있습니다

당신은 모르겠지요
나는 하루에도 몇 번씩
당신의 이름을 접었다 펴며
수많은 밤을 건넜습니다

온몸에 햇빛 냄새를 품던 당신을
마음의 그늘진 어귀에
오래된 엽서처럼 숨겨 두고

요즘 나는
혼자 사랑하는 법을 배우고
당신이 없는 시간도

당신으로 채우는 연습을 합니다

말하지 않아도
당신의 계절은 여전히 내 안에 피고
함께 걷던 길목마다
빛바랜 발자국이 하나씩 남습니다

바람 속에서도 잊히지 않는
그림 한 장처럼

그러니 당신은
지워진 번호처럼
멀어져도 괜찮습니다

다만,
눈이 붓도록 우는 날은 없기를
아프지 않았으면 좋겠습니다

오늘도 창틀에 기대선 햇살이
바랜 잉크처럼 스며들고

나는 조용히
당신의 이름을 불러 봅니다

그리고 그저
찢지 않고
접지 않고
잊지 않은 채

여전히
오래된 엽서처럼
당신을 사랑하겠습니다

청춘 해독제

그 봄은
독처럼 퍼져 나갔다

아무 말에도 쉽게 물들고
아무 눈빛에도 쉽게 무너지고
아무 문장에도 쉽게 취했다

가장 위험한 건
아무 이름에도
쉽게 젖는 일이었다

몸에 밴 독 때문이었을까
혼자 꺼내 마신 기억 몇 방울만으로도
온몸이 저릿해졌다

가슴 어딘가 화학반응처럼
지워지지 않는 흔적 하나가 남았다

밤마다 꺼내 읽던 편지
아직 뜨겁던 별빛 아래
가만히 삼키던 후회들

그 시절 그것들은
나를 해독하느라 애썼다

그때의 네 웃음은
부작용 없이 들이켜도 되는 것이었고
너의 목소리는
통증 없이 삼켜지는 약이었다

너의 체온
물처럼 맑은 문장 하나가
내 안의 독을 조용히 걸어 갔다

그래, 모두 해독이었다

그래서였을까
그해 여름을 나는 죽지 않고 통과했다

한때의 독성이 평생의 향기로 남는 일
치명적이면서도 유일한 치유였던

그 무모한 발화 이후
조용히 이어지는 해독의 계절을

우리는
청춘이라 불렀다

입안에 녹은 여름

뜨거운 햇살 아래
복숭아가 발그레 익는다
달큰한 향이 두 눈을 감긴다

알알이 여물어 가는 세계
소년과 소녀의 시간은
아직 이름이 없었다

손끝에 닿은 결은 솜털 같아도
한입 베어 물면
단단한 마음이 드러난다
더 깊이 들여다보면
말 못 할 떨림도 숨어 있다

한입 가득 물고 선 오후
혀끝에서 부서지는 물방울
스며든 감정은 서로를 바라보다

천천히 익어 간다

해가 저물면
연분홍 향은 손끝에서 지워지지만
입안에 녹은 여름은 달게 남는다

잠시 스친 그 계절
남겨진 건 조금 부서진 기억

다시 붉게 익어 가는 열매
그건 나의 소년이었고
지금도 내 안 어딘가에서
다 익지 못한 채 자라고 있다

복숭아는 여전히 익어 가고
나는 또 익어 가는 것들의
조용한 질문을 꺼내 문다

빛을 걷는 고양이

별이 숨을 죽인 밤
오래된 가로등 아래
나는 천천히 고요 속을 걷는다

자비 없는 어둠은
발소리마저 삼키고
무중력의 그림자는
홀로 긴 바다를 건넌다

그때, 정적을 찢는 기이한 울음
그림자 위에 스며드는 검은 발 하나
낯설지만 묘하게 따뜻한 기척

타오르는 두 개의 달빛 속에서
작고 여린 짐승이
하얀 빛을 꺼내 쥐고
멈춘 시간 위에 시선을 얹는다

달 속에 흩어진 빛의 조각들이
고양이의 언어가 되어
번개처럼 내 안을 가른다

순간, 옷깃에 스민 빛이
심장 깊이 파고든다
잠든 감각들이 물결처럼 일고
사랑의 형상이 서서히 드러난다

부재하던 존재들이 하나씩 깨어나
금빛 파편 위를 천천히 걷는다
검은 발이 남긴 추상 속에서
나는 뜻밖의 위로를 만난다

나는 이제
달빛을 등에 업은 고양이를 품고
조용히
빛을 걷는다

곡선의 고백

고백할게요
지구에는 직선이 없어요
자연에도 사람에게도요
모든 존재는 곡선을 따라 흘러요
사람도 그 일부죠

직선이라 믿었던 것도
가까이 보면
조금씩 흔들리고 휘어요

선명한 건 잠시
결국은 모두 휘어지며 살아가요

고백할게요
지구가 만든 곡선 중
가장 아름다운 건 사람이래요

그리고 사람이 만든 곡선 중
가장 찬란한 건
말보다 먼저 다가오는 입술이래요

그대의 입술이
내 심장을 스치고 지나갈 때면
시간이 느려지고 세상이 고요해져요

그 곡선이 가장 아름다워요
그리고 가장 나를 흔들어요

사랑은 무너지지 않게 누워 주는 일

그 사람은
소리 내어 울지 않았다
대신 눈으로 천천히 무너졌다

울음은 벽을 타고 흘러
귀가 아닌 바닥 너머
발끝으로 전해졌다

나는 문을 열고 들어갔다
그녀는 나를 보지 않았고
나는 조심스레
그녀 옆에 누웠다

같은 방향으로
같은 속도로
숨을 쉬었다

울음은 감정이 아니었다
그건 작은 붕괴였고
사람은 생각보다 쉽게
무너지는 구조물이었다

사랑은
무언가를 해 주는 일이 아니라
무너지지 않게
곁에 누워 주는 일

나는 우는 사람 곁에
누운 적이 있다

그리고 오랫동안
그 자리를 떠나지 않았다

궤도의 별

2021년 9월 5일, 15시 33분
내 궤도에 별 하나가 진입했다

데이터로 설계된 경로에
예기치 않은 존재의 등장

볼수록 깊어지는 마음은
어떤 알고리즘으로도 설명되지 않았고
그 별을 만나기 전엔
몰랐던 감정들이 솟아올랐다

그저 바라보는 것만으로도
충전되는 우주적 바이브

존재 이유를 묻는 말에
너는 오직 빛으로 답했다

작게 웃고
크게 울며
그 신호는
고요하던 궤도를 흔들었다

무수한 밤을
함께할 나의 우주여
빛나는 너의 여정에
영원한 궤도가 되어 줄게

다시 듣고 싶은 노래

우리는 아직
이름 붙지 못한 계절

그날의 너는
물속을 걷는 별빛 같았고
나는 그 투명한 빛에
조용히 하루를 흔들렸다

바람의 음으로
서로를 부르던 날들
살아 있다는 걸 증명하듯
우리는
자주 넘어지고
자주 웃었다

시간은
달빛처럼 느리게 흘렀고

그 안에 우리를 접어 넣으면
한 장의 사진도
오래도록 번져
시가 되었다

청춘은
찢긴 운동화 끈 아래
숨겨 둔 자존심
후렴이 끝나기 전
숨죽이며 터지는 울음

그럼에도
아무도 보지 않는 틈에서
조용히 피어나는
작은 반짝임

언젠가
이 모든 것이 끝나더라도

너의 온기

나의 떨림

그 불완전한 마음들이

다시 듣고 싶은 노래처럼

떠오르고

스며들고

우리 안에 흐르기를

파랑 나비

너는 한점 푸른 숨결로
바람 사이에 스며들었다

무언의 시처럼
잿더미 같은 하루 위에
주저 없이 내려앉고

어디서 왔을까
무엇을 건너왔을까

어찌하여
이 먼 길을
이토록 조용히

작고 푸른 떨림
날개 끝에 매달린 햇살 하나가
오래 닫힌 창을 연다

그 한 번의 떨림이
창 너머 잔불을 흔든다

다 타 버린 곳에서도
피어날 수 있다는 걸
말하지 않아도
닿는 마음이 있다는 걸
나는 너를 통해 처음 알았다

잃어버린 계절을 건너
그을린 삶 한가운데로
너는 여름의 색으로 착륙했고

나는 다시
잊었던 파랑으로 물들기 시작했다

상처를 덮는 건
시간도 망각도 아니라는 걸
이 뜻밖의 아름다움이 가르쳐 주었다

너는 구원처럼 가볍고
나는 그 가벼움에 기대기로 했다

돌아갈 길도
붙잡을 말도 없지만
네가 날아든 그 순간부터

내 안에는
새 이름이 자라나기 시작했다

수선日

조용히 마음의 온도를 재고
헝클어진 감정의 옷매무새를
단어로 꿰매는 하루

오늘은
낡은 마음의 실밥들을
한 땀 한 땀
수선하기 좋은 날입니다

문틈에 스며드는 오후의 빛
지나간 여름의 뒷모습
마음에 멍이 들던 순간들을
시로 꿰매어
기억의 천에 남기고 있습니다

나는 느리게 상처를 응시하고
그 위에 작은 숨결을 얹습니다

그러니 오늘은
당신을 위한 수선日입니다

공복

하루 종일 아무것도 먹지 못했습니다
당신이 머물다 간 자리에
작은 말조차 남지 않아서
그 공백을 오래도록 씹었습니다

사랑은 밥보다 더 절실한 것이었습니다
당신의 안부 한 조각
무심한 손끝의 온기 한 줌
그 모든 게 내게는 끼니였고 숨이었습니다

당신 없이도 살 수 있다고
몇 번이나 되뇌었지만
그 말은 늘 혀끝에서만 달았습니다

사랑이 떠난 자리는
그저 비어 있는 게 아니었습니다
속이 울리는 것이었습니다

빈속이 끝없이 웅웅대는

오늘도 나는
당신 생각으로 허기를 달랩니다

제2부

사라진 이름들, 밤을 두드린다

엄마 냄새

만삭의 몸을 싣고
고향행 버스에 올랐다
누가 부른 것도 아니었지만
등 뒤 어딘가에서
오래된 냄새 하나가
나를 조용히 밀었다

창밖 풍경이
물기 어린 유리처럼 번질 때
한 자락 냄새가 피어오른다
입안 가득 맴도는
탁새* 된장찌개의 깊은 숨결
그 향이 문득 나를 불렀다

---

* 탁새: '갯가재'의 방언. 전라남도, 경상남도, 제주도 등 남해안과 서해안 지역에서 사용된다.

늦은 밤 창을 넘어오던
라면 냄새도
비 오는 날 더 간절하던
커피 향도 참을 수 있었다
하지만 그 냄새만큼은
도무지 삼킬 수 없었다

향기는 뿌리였다
잊으려 할수록
마른 삭정이처럼 부서지며
더 깊숙이 스며들었다

버스가 긴 시간을 베어 물고
고향의 문턱에 닿자
짭조름한 바다 냄새가
폐부 깊숙이 왈칵 밀려들었다
푸른 숨결이
텅 빈 가슴을 조용히 채운다

저 멀리 정류장

엄마가 서 있다

햇살처럼 고운 미소

오늘따라 유난히 흰 머리칼

내 눈시울이 말없이 붉어진다

나를 껴안는 품에서

오래된 아늑함이 배어 나오고

그 품 안에

아기의 젖 내음이

숨결처럼 스친다

그제야 안다

이 모든 길은

다시 시작으로 되돌아오는

냄새의 길이었다는 것을

나는 조용히

처음의 냄새를 들이마신다

그 냄새가
생의 문을 다시 열고 있었다

모래 위의 집

모래 위에 지붕도 벽도 없이
낡은 장난감 몇 개만 앉아 있다
그늘은 있지만 그림자는 없다
갈매기도 그 집 앞에선 울지 않는다

아무도 아이의 이름을 부르지 않는다
부르지 않음으로써 머무는 이름
이름은 사라지는 게 아니라
사람이 떠난 방 안에서 천천히 말라 간다
벽지처럼 벗겨지고 시간처럼 흩어진다

그걸 할머니는 두 손으로 모아
바다 밑에 묻는다
묻는 일과 잊는 일은 다르다
할머니는 단 한 번도
그걸 헷갈린 적이 없다

해안선을 따라 걷다 보면
발이 멈추는 자리가 있다
파도를 손에 쥐려 했던
그날의 아이가 거기 있다
할머니는 그 자리를 지나치지 못한다
걸음이 거기서 항상 조금 느려진다

신발장 가장 안쪽
먼지 낀 신발 한 짝
무게는 없지만
시간이 잔뜩 묻어 있다
그 신발을 안을 때면
할머니는 아무 말도 하지 않는다
하지만 가장 크게 흔들린다
나는 엄마가 되고서야 그것을 안다

밤이면 창문을 살짝 연다
돌아올 수 있도록 틈을 남겨 두는 일
불은 켜지 않는다
빛이 있으면 빈자리가 더 선명해지니까

바다는 언제나 밀려오지만
슬픔은 다가오지 않고
몰래 안으로 스며든다

할머니는 오늘도
모래 위에 작은 집 하나를 짓는다
쓰러지라고 만든 집

무너져야 남는 것이 있다
무너져야 살 수 있는 것도 있다

별이 되는 기도

이곳은 풍랑 이는 세상
심해의 푸른 기침 소리는
오늘도 멈추지 않아요

아침이면 내 삶도
칠흑 같은 어둠을 떠다니고요

때때로 눈물과 아우성이 뒤섞여
깊은 슬픔이 일렁이면
물비늘이 잠시 반짝이다 가라앉아요
나는 조용히 애도의 시간을 건너요

그러다 밤이면
"부디, 내일은 창공에서 눈뜨게 해 주세요."
"이 끝자락은 별이 되게 해 주세요."
그렇게 기도하다가 잠이 들어요

그곳은 파라다이스인가요
탁류 같은 내가 머물 수 없는 곳이기에
그대로 있으라 마세요
욕심부리지 말라 마세요

내 물결 위에는
어린 영혼의 순한 눈망울,
피우지 못한 꽃봉오리,
세월을 건너 휘어진 뼈마디가 있어요

그러니 부디
이들을 심해로부터
온전히 기화하게 해 주세요

그 여정의 끝도
별이 되게 해 달라고
나는 밤새 기도하다 잠이 들어요

모두가 잠든 새벽
창공에 빛나는 별 하나

잠들지 못한 채
그 바다를 말없이 들여다봐요

한 문장처럼

말은 짧을수록 사랑에 가까워지고
침묵은 길어질수록 상처에 닿는다

빛은 어둠의 가장자리에서 태어나고
사람은 자신의 그늘을 껴안으며 자란다

나는 내가 아닌 것들에 기대어 나를 배웠고
너는 나에게서 너를 잃어 가며 사랑이 되었다

무너지지 않는 것보다
부서진 자리에서 피어난 꽃을
오래 바라본다

하루는 긴 문장이 아니라
한 줄 속마음으로 기억된다

우리는

가장 짧은 문장으로 서로를 잊고
가장 긴 문장으로 다시 떠올린다

이 시가 끝나면
나는 더 이상 너를 말하지 않을 것이다

다만,
너의 부재를
한 문장처럼 안고 살아갈 것이다

예쁘지만 무력한 원형

우리는 분명 걸었고
어딘가로 향했지만
돌고 돌아
다시 너와 나의 자리

직선이길 바랐던 마음은
끝내 둥글기만 했고
맴돌다 결국
제자리로 돌아왔다

처음 손을 잡던 날
"놓지 않겠다"고 말했었지
이젠 그 손이
어깨를 스치듯 지나간다

말하지 않아도 알 것 같아서
말 대신 눈을 주었고

그 침묵 끝에서
우리는 조금씩 멀어졌다

첫사랑의 비극은
끝나지 않는 데 있는 게 아니라
끝나지 않아서
다시 시작할 수 없다는 데 있다

계속 돌기만 하는 마음
닿지 못한 채 흐르기만 하는 마음

그래서 예쁘지만
무력한 원형

서로를 돌고
겹치고
흩어지다

결국
나만 남은 궤도

젓가락 끝에 남은 온기

오후 네 시
기울어 가는 햇살 아래
작은 분식집 창가에 앉는다

하얀 김 피어오르고
붉은 국물 속 떡은
묵묵히 온기를 품은 채
내 앞에 놓인다

참았던 마음이
천천히 끓어오른다

너와 마주 앉아
젓가락을 맞대던 어느 오후
네가 건넨 떡 한 조각에
심장이 조용히 젖어 들던 기억

국물에 젓가락을 담그다
문득 떠오른다
너의 입술도
가끔 저런 색이었다는 걸

함께였던 자리에
이젠 바람만 머물고
너의 웃음 대신
뜨겁고 매운 마음 하나
입안에서 울컥 피어난다

낡은 젓가락 하나
시간을 건너
조용히 내게 스며든다

부르지 못한 이름

나는 아직
너를 바다에 부르지 않는다

모래 위에 수천 번
이름을 써도
파도는 매번
그보다 먼저 다가와 지운다

네가 입던 셔츠처럼
바람에 흩날리던 그 이름이
이젠 내 가슴을
묵직하게 짓누른다

드넓은 물결 아래
너의 이름은
천천히 가라앉는다

이따금 갈매기가
너를 닮은 방향으로 날아가고
파도가 물러나면
그 끝자락에
허망한 발자국 하나가 남는다

지워지는 게 기억이라면
나는 아직
아무것도 잊지 않았다

바다는 묻는다
그 이름은 누구냐고

나는 끝내
대답하지 않는다

이 바다에 나는
이름조차 부르지 못한
첫사랑으로
깊이 잠긴다

남은 밥

텅 빈 식탁
숟가락은 무덤처럼 식었고
밥알은 재처럼 흩어진
목소리의 잔해

찬물에 잠긴 맨밥은
침묵, 또 침묵
목울대를 긁는 고독은
속살까지 저민다

낡은 이불 속
할머니의 숨결은
희미한 달의 뒷면
바느질 자국은 지워지지 않는 흉터
그리움은 솜처럼 부풀어 오른다

검은 그림자는

마지막 핏줄을 삼키고
바스러진 숨결만
마른 꽃잎처럼 남는다

슬픔은 송곳니
발목을 물고 늘어진다

밤은 깊고
별은 차갑고
눈물은 뜨겁다

세상은 메마른 백사장
적막만 밀려오는 해변
서툰 손길로 밥을 짓고
홀로 남겨진 섬에서
캄캄한 새벽을 연다

봄은
낯선 손님처럼 문턱을 넘고

꽃잎은
슬픔을 감추려 더 밝게 피어난다

그러나 시간은
멈춰 버린 고독한 톱니바퀴

온기가 그리운
핏줄의 봄은
아직 오지 않았다

제3부

숨이 모자라는 날들

길을 건너지 않은 사람들

햇살이 창을 두드린다 "오늘도 잘 버티는 중?" 못 이긴 척 친한 체한다 시곗바늘은 멈추지 않고 세상은 여전히 흘러간다 삶이 무언가를 천천히 삶는 일처럼 지루하게 끓어 간다

시계 원은 텅 빈 눈으로 사무실을 바라본다 11시 30분 회의는 끝났고 꼬르륵 꼬르륵 꼬르륵 입 밖으로 나오지 못한 허기가 소리로 터진다 공기는 평화롭지만 우리 모두 그러지 못했다

"오늘 점심 뭐 먹어요?" 누가 먼저 입을 여느냐는 단순한 식사 선택이 아니라 존재의 방향을 묻는 일이다

회사 옆, 50년 전통 국밥집과 길을 건너야 닿는 소금빵 가게 그 사이에서 나는 잠시 철학자가 된다 작고 진지한 갈림길 앞에서 나는 결국 길을 건넌다

부장님은 길을 건너지 않는다 묵묵히 국밥처럼 끓고 식으며 제 몫의 시간을 씹어 삼킨다 그의 식사는 '꾸준함'이라는 이름의 미덕이다

나는 포장을 들고 돌아온다 소금빵은 아직 따뜻했고 내 결정과 소금빵의 결정(結晶)은 그리 가볍지 않았다

갓 구운 빵을 천천히 떼어 먹는다 진짜 위로는 소금 한 알에도 깃들 수 있다 한 입 더 베어 물며 말해주고 싶다 작은 행복은 늘 반대편에서 기다리고 있다고

김 주임은 아직 다이어트 중이다 사무실 구석에서 샐러드 포크를 쥔 채 세상과 타협하지 않는다 그녀의 꼬르륵은 조금 더 비장하다

그나저나, 당신은 오늘 무엇을 먹기로 했나요?

노랗게 익은 계급: 브런치의 사회학

1.

 단순한 칼로리 문제가 아닙니다 계급이 노랗게 익는 순간입니다 사건은 토요일 오전 11시 30분, 3층 통창 옆, 앨리스1이 에그 베네딕트를 주문하면서 시작되었습니다

 앨리스1은 소득 분위 3분위의 마음을 체험 중이고 에그 베네딕트는 아직 나오지 않았습니다 아보카도는 환율보다 오르고 스무디 색깔은 건강증명서입니다 장속에 든 헬스장 정기권은 붉은 토마토 스무디로 인증됩니다

 그릇이 클수록 음식은 작아지고 대화는 사진으로 대체됩니다 음식보다 포크를 오래 응시하고 예쁜 포크를 든 자신을 더 예뻐합니다 지금 식사 중이지만 사실은 증명 중입니다 잘 먹는지가 아니라 잘 사

는지를

해시태그 두 장 반으로 포장합니다 #주말오전의평화 #나에게주는선물 #그냥_조금_예쁜_하루

이상한 식사 풍경 속의 앨리스1입니다

2.

앨리스2는 주말에 터진 기획서 수정으로 형광등 아래에서 노안과 싸웁니다 점심 대신 꺼낸 도시락은 책상 구석에서 김도 못 낸 채 식어 가고 지금 편의점 도시락이 그녀보다 쉴 시간이 많습니다

그녀는 앨리스1의 사진을 보았습니다 알고 있습니다 브런치는 맛보다 위치, 맛을 내려면 그곳에 있어야 한다는 걸

비워진 커피믹스 봉투에 얼굴을 묻고 10분 뒤 다시 일합니다

3.

앨리스3은 면접 대기실에서 핸드크림 냄새로 배를 채우고 있습니다 잿빛 정장에 앉은 스무 명의 표정은 에스프레소처럼 진하고 쓰게 내려앉습니다

"면접 끝나면 브런치 먹자." 그녀의 말이 갑자기 위협처럼 들립니다

"너는 그 접시에 어울리는 사람인가?" 질문은 면접관보다 메뉴판이 먼저 던집니다

4.

앨리스4는 구내식당에서 식권을 잃어버렸습니다 결제기 앞에서 울먹이다가 소고기뭇국 대신 사과 한 조각을 받습니다

퇴근길, 그녀의 하루처럼 간판 불도 꺼져 있습니다

5.

포크는 지금 수란 위를 천천히 가릅니다 아무 일도 모르는 척 브런치의 중심을 겨눕니다

앨리스1의 포크는 알고 싶어 하지 않습니다 앨리스2의 형광등, 앨리스3의 핸드크림, 앨리스4의 소고기뭇국을

그녀는 모르는 사람처럼 먹습니다 그건 요즘 도시에서 유행하는 식사 예절입니다 공감은 소화에 방해가 되니까요

한입을 넣으며 다시 해시태그를 떠올립니다 #주말오전의평화 #나에게주는선물 #그냥_조금_예쁜_하루

신분 상승에 필요한 최소 식사 단위의 입장료는 이미 선결제되었습니다 노랗게 잘 익은 계급이 입 속으로 들어갑니다

이 웃음은 가짜가 아닙니다 다만 진실을 내려놓았을 뿐입니다

 포크를 내려놓고 물수건으로 손을 닦습니다 입가에 묻은 죄책감을 조용히 문질러 지웁니다

의자에 앉은 익사자

위에서 아래로 흐르는 건
해류만이 아니다

나는 심해 바닥 가까이서
물살을 거슬러
짧은 회신 하나 띄운다

상사는 심해어처럼 드물게 떠오른다
입은 크고 눈은 작고
긴 침묵을 낚싯줄처럼 드리우고는
다시 사라진다

우리는 그 말이 걸릴까
숨을 죽인다
이곳엔 부력이 없다
말은 언제나 가라앉는다

"수고했어"는 멸종했고
남은 건 잊히는 보고서와
자동 회신뿐이다

상층부는 늘 따뜻하다
웃음은 잘 들리고
빛도 흐르지만
이 아래엔
아무리 헤엄쳐도 계단이 없다

나는 매일
표정 하나를 고르고
감정을 잠수복처럼 껴입는다

웃을 때마다
입안에 소금기가 스민다

가끔은
의자에 앉은 채
익사하고 있다는 기분이 든다

숨은 쉬고 있지만

그건 그저

살아 있다는

물리적 증거일 뿐이다

균열 주의보

퇴근 3분 전
예감은 정확히 정시에 도착한다
서늘하고 정중하게

실수는 물잔 위 먼지처럼 내려앉고
부장님의 말은 망치처럼 가슴을 내리친다
나는 종이컵처럼 움찔한다
"김 주임, 이게 처음이 아니잖아요."

맞다 벌써 세 번째
이쯤 되면 반복이 아니라
내 이력서에 새겨질 문장

서랍 깊숙이 손을 넣어
비상용 초콜릿을 꺼낸다
입안에 넣자
심장에 조용히 붙는 달콤한 반창고

이 대리는 오늘도
투명한 셀로판 웃음을 붙인다
접착력은 희박하지만
그 자국은 오래 남는다

나는 금 간 그릇처럼
테이프로 감기고
커피믹스로 봉합하며
농담으로 땜질된 채
책상 앞에 놓인다

누군가 말했다, 킨츠키
금으로 깨진 자리를 잇는 도공의 방식
그 말을 들은 뒤부터
나는 일부러 깨진 듯 서 있다

일상은 박물관보다 조용하고
출품작은 늘 내 안에서 꺼내진다
《균열주의보》라는 제목을 붙이며

붉은 스티커 옆
파란 커피 얼룩이 번진다
물 한 모금
씁쓸한 금빛 기운이 도는 맛

기분 탓일 뿐
조금씩 달라져도 괜찮다
익숙한 부서짐이
오늘 하루의 생존법이 된다

바쁘신가 봐요

작지만 그 위에 하루가 쌓여 있다

커피 자국, 회의 자료
책상 위 메모와 부스러기
숨겨 둔 사탕 하나까지

왼쪽엔 습관처럼 놓인 볼펜 세 자루
오른쪽엔 버리지 못한 연말 다이어리

지금의 내가
조용히 창에 비친다

정리된 날엔 마음도 가지런해지고
어질러진 날엔 오히려
일이 잘 풀릴 때도 있다

김 대리는 매일

물티슈로 책상을 닦는다
먼지는 없지만 말은 쌓인다

누군가 내 책상을 보며 말했다
"바쁘신가 봐요."

나는 웃었다
그 말엔 작은 위로가 있었다

책상은 움직이지 않지만
그 위의 생각과 감정은
하루에도 열두 번씩 흔들린다

이 작은 평면 위에서
나는 살아 있고
무너졌다가
다시 일어난다

입을 대신한 손

회의는 끝나지 않았다
시간은 서서히 목을 조여 온다

말은 삼키고
눈치는 굴리고
손은 살을 뜯는다

고통은 미세하고
피는 조용히 스며든다

감정의 틈새로
불안이 물처럼 배어든다
조금씩 나를 갉아먹는다

누군가는 습관이라 말하고
누군가는 스트레스라 부른다

나는 아무 말 없이
조금 더 뜯고
조금 더 견딘다

피 묻은 손끝으로
내일의 일정을 넘긴다

사람들은 모른다
오늘 내가
얼마나 많은 말을
손으로 지워 냈는지

그게 얼마나 큰 말이었는지

가 보자, 언젠가는

오전 6시 10분
나는 히말라야를 물고 있었다

핑크빛 소금 결정 하나
입안 가득 설산이 녹는다
눈 속의 야크들이
말없이 나를 바라본다

문득, 진짜 히말라야에 가고 싶어졌다
그곳의 공기는 박하 향보다 더 맑을까

아무도 묻지 않은 질문들이
먼저 산을 오르고
나도 천천히 그 뒤를 따른다

고요 속에
입안을 적시듯 스며드는 생각

"너무 복잡하게 살지 마."

밤새 삼키지 못한 마음을
하얀 거품과 함께 세면대에 토해 낸다
배수구로 몰려드는 하얀 눈사태
무너지는 나의 히말라야

짧은 여행이었지만
분명 어딘가에 닿아 있었다

거울 속
입가에 잔설처럼 남은 자국
그리고 그 아래

"가 보자, 언젠가는."
그렇게 쓰여 있는 것 같았다

시간 여행자의 하루

아이보다 먼저 눈을 떠야
비로소 인간의 얼굴을 갖출 틈이 생긴다
거울 속 나는 아직도
그 얼굴을 완성하지 못했고
아이는 밥 대신 장난감을 씹고
남편은 차 키를 못 찾아 짜증을 낸다

모두가 '엄마'를 부를 때
엄마는 '나'를 어디에 두었는지 모른다
하루의 절반쯤 지난 것 같지만
그건 그냥 느낌일 뿐이다
눈물 두 방울, 물티슈 세 장
감정노동 몇천 칼로리의 결과는
겨우 '등원 성공'

본업은 아직 시작도 못했고
부업은 어린이집 전화 대기조

'혹시 열났을까' 걱정을
정기 구독 중이다

메일함을 열자
밤새 자란 알림들이
숨 쉴 틈을 막아 온다
멍하니 들여다보다
문득 아이의 낮잠 시간을 떠올린다

그 애는 지금
몇 시를 살고 있을까

오전엔 보고서를 쓰고
오후엔 죄책감을 작성할 예정이다
칼퇴에 성공해도 자랑할 곳은 없다

엄마는
출근보다 퇴근이 더 무서운 사람이니까

아직 머리는 감지 못했지만

감정은 먼저 정리하는 중이다
엄마도, 워킹맘도, 그냥 '나'도

오늘 하루 참 잘 버텼다고
속으로 몇 번씩 되뇌어야
내일도 살아갈 수 있다

나는
두 개의 세계를 넘나드는 시간 여행자
타임머신은 없고
커피 한 잔이 전부지만

잠든 아이를 보며 생각한다
이 여행,
아직은 해 볼 만한 것 같다고

시간 바깥의 사람들

창밖에선
정해진 시간에 출근하고
정오에 밥을 먹고
해 질 무렵 퇴근하는
정돈된 세상이
지하철 소리를 매달고
종착역을 향해 달려간다

그 정돈됨이
가끔은 잔인하게 느껴진다

'그만둘까?'
요즘 그 말은
면접보다 더 자주 나를 찾아온다

'다 잘될 거야.'
그 낡은 주문은

빛바랜 부적처럼
이제 효력을 잃었다

면접장은 떠났지만
마음은 아직
여의도 빌딩숲 어딘가
방황하는 그림자처럼 헤매고 있다

형광펜은
바랐던 희망 위에 줄을 그었고
기억은 그 줄을 따라 천천히 샌다

포스트잇은 벽을 덮지만
나는 벽 하나도 넘지 못한 채
하루를 잘라 차곡차곡 쌓아 둔다

부모님은
밥상 위에 온기를 올리며 묻는다
"오늘은 어땠어?"
나는 늘 같은 대답을 꺼낸다

"그럭저럭."

그 말 안에는
떨어져도 이해해 주고
붙어도 놀라지 말아 달라는
작은 백기를 숨겨 놓았다

밤 11시
나는 아직도
정해진 시간 바깥에서
떠나지 못한 채
결과도 내일도 오지 않은
어둠 속에 있다

생계형 거미

먼동이 트기 전
바람이 그물문을 들추고 들어온다
목덜미를 훑고 지나가면
나는 고독한 행자승의 얼굴로 눈을 뜬다

영혼은 빈방에 묶어 두고
껍질에 붙은 먼지를 툭툭 턴다
바람은 등을 밀며 재촉한다
"어서 나가라."

퀴퀴한 냄새가 따라붙고
털다 만 먼지도 나를 뒤따른다

벼랑 같은 하루를 기어오르며
나는 허공에서
내 다리를 내려다본다
그 다리엔 체념과 순응이 엉켜 있다

고요한 깨달음 끝에
다시 터벅터벅 길을 나선다
그러다 줄에 걸려
지켜 온 알들이 우수수 떨어진다
살아남은 알의 개수를 세며
짧은 안도의 숨을 쉰다

생계가 묶인 다리는
혐오 섞인 시선을 외면한다

찰나의 통증
한발 늦은 수치심
보풀처럼 얽힌 털이 부르르 떤다

신원 미상의 줄이
길을 가로막지만
주변 어디에도 가해자는 없다

얼굴에 남은 잔상이 간질거릴 즈음
며칠 전 뉴스 속

그 '거미 인간'이 떠오른다

그놈이구나

탄탄한 복근
힘차고 빠른 다리
새도 아닌 것이 도심을 날아다니며
팬들에게 휘감긴다

반면
검은 몸통, 불룩한 배
삐걱거리는 다리의 나는
거울 속에서도 낯설다

괜스레 주눅이 들어
줄에 감기고 싶어진다

며칠 후
다시 그 줄이 앞을 가로막는다

에라

방사능 비 맞고
방사능 고기 먹고
방사능 거미에 물린 게
그렇게 자랑스러워?

치이이익

방사능 줄 위에
진짜 거미줄을 뿌린다

"인류애에 미친
생태계 파괴자여, 물러가라!"

덫을 거두자
꽁무니 가득
초능력이 흘러나온다

"까악! 징그러워!"

인간의 비명을 아랑곳하지 않는

그 거미에게

인류애 따위는 없다

제4부

끝나지 않은 마음에게

무너지지 못한 감정들에게

지나간 줄 알았습니다
모두 잊힌 줄만 알았습니다

그런데 어떤 감정은
조용히 흘러가고
어떤 감정은
끝내 흘러가지 못한 마음으로 남더군요

나는 그 마음들을 삼키고
돌아누운 밤마다
홀로 앓았습니다

되살아난 이름 없는 감정들을
하나씩 꿰어
조용히 시로 엮었습니다

덕분에 나는

조금은 더
따뜻한 사람으로
남을 수 있을 것 같습니다

무너진 자리에서 피어난
당신의 조각들도

언젠가는 지나가고
시가 되고
그 후에도 남아
빛으로 닿기를 바랍니다

당신 안에
아직 무너지지 못한 감정들에게
나는 조용히 인사를 건넵니다

그 계절의 무게

한때 바람이 불었습니다
누군가는 떠나고
나는 그 자리에 남아
꽃잎처럼 흔들리며
그저 버텼습니다

빛바랜 약속 하나
말없이 등을 토닥이던 시절
낡은 창가에 기대어
긴 밤의 눈동자 속에서
무너지는 하루를
조용히 감췄습니다

그 계절은
흙처럼 손에 쥐어졌다가
쉽게 놓을 수 없는 무게였고
나는 그 안에 오래 머물렀습니다

그래서 머무르고 또 머물다
나는 지워지지 않는
문장이 되려 했습니다

무성한 나뭇잎 아래
소리 없는 울음을
한 줄기 빛처럼 삼키며
그 계절은 조용히 지나갔고
나는 조금씩 다시 피어났습니다

돌아보면 내가 이룬 건
당신이 머물던 찬란한 순간이 아니라
무너지지 않은 나의 마음이었습니다

그래서 한 계절이 끝나도
저물지 않은 이름은
온기로 남고
나는 조금 더 빛났습니다

사라지는 척, 남는 마음

손으로
물결을 감쌉니다
묵은 슬픔을 어루만지면
겹겹이 시간이 끌려 나옵니다

손끝은
옷감의 결을 따라 흐르고
감춰진 이야기들이
표면 위로 피어오릅니다

지운다는 건
지우는 척
기억하는 일

잊는 것이 아니라
다른 방식으로 남기는 일입니다

기계의 맹렬함보다
손의 온기 속에서야
비로소 드러나는 것들이 있습니다

지우다 보면
어떤 자국은 사라지고
어떤 얼룩은 스며들며
어떤 기억은
지워진 자리에서 다시 피어납니다

물결이 손끝을 매만집니다
아직 따스합니다

서두르지 않고
더디게 스며드는 이 순간
내 손에 남은 자국들을
하나씩 품니다

그것이

가장 조용한

구원일지도 모릅니다

흘러가게 두라고

바람은
기억의 혈맥을 꿰뚫는
은침처럼 스친다

수면 위, 검은 파편들
절규를 삼킨 얼굴처럼 일그러진다

잿빛 도시 위로
망각의 닻을 내려라

어두운 강물은
망령처럼 흐르고
떠오르는 건 오직 잔영뿐

돌아보지 않는 물살
흐르는 것은
그저 흐를 뿐이다

바스러진 인연
흩어진 기억의 잔해가
물결 위에 잠시 떠돌다 사라진다

붙잡을 수 없다

잠긴 것은
강인가, 나인가

짙어진 침묵 속에서
누군가 속삭인다
흘러간 것은
물처럼 보내라

아,
녹아 사라지는 슬픔이여

몸에서 흘러나온 무언가가
빗물에 섞여 강물로 스며든다

말없이 삼키는 고요한 위로

그 속으로

나는 스며든다

흐르고

다시

흐른다

쉼표

가을에서 겨울로
넘어가는 길목
짧은 숨 고르기처럼
저마다 차례로
쉼표를 찍습니다

가지 휘어지도록
탐스럽게 열린 감이
해님에게 쉼표를 받으면

작은 몸 야무지게
도토리를 모은 다람쥐에게도
산 님은 쉼표를 건넵니다

고향 집 감나무는
두툼한 겨울옷을 입고
눈꽃을 기다리며 설렙니다

뒷산 다람쥐도
따스한 단잠에 들었겠지요

나 또한
이 계절 속에 서서
정성껏 일군 삶의 열매를 거두었으니

잠시 멈춤을 위한
쉼표 하나,
허락해 주세요

사과는 오래 남는다

잘못은
순간이었다

사과는
며칠을 머물렀다

말은 흘러나왔지만
마음속에선
씹히지 않은 채
오래 남았다

"괜찮아"라는 말은
끝이 아니라
다시 시작이었다

감정은
과일처럼 무르고

말은
씨앗처럼 뿌려진다

나는
조심스레 고른다

먹는 사과도
건네는 사과도
둘 다 오래 가니까

깨진 시간의 조각

동네 사우나
구석에 놓인 모래시계는
뒤집기만 하면
언제든 처음부터 다시 흐른다

유리 감옥 같은 그 안에서
시간이 영원하다고 믿는 이는 없다

그러나 내 안의 모래시계는 다르다
흘러간 시간은 되돌릴 수 없고
남은 모래는 나조차 가늠할 수 없다

부유하는 잔상들
깨진 모래 파편처럼
내 몸 어딘가에
작은 상처를 새긴다

나는
떠나간 모래와 남은 모래를
조용히 헤아려 본다

무엇이 이토록
아프게 남았을까

이른 아침
김 서린 거울 앞에서
나는 아직
내 안의 시간을
조심스레 건드리고 있다

나는 숲이었다

어느 날
내 마음 안에
숲이 자라고 있다는 걸
알게 되었습니다

처음엔
조용한 풀 한 포기였지만
가지가 뻗고
이끼가 피고
바람이 머물기 시작했죠

기쁨은
맨 꼭대기에서 반짝였고

불안은
그늘 아래 눅진하게
들러붙어 있었습니다

슬픔은
줄기를 타고 올라
어느 날 갑자기
잎이 되어 나를 덮었고

사랑은
잎맥 사이로 흐르던 바람

분노는
마른 가지 끝에서
부러지는 소리였습니다

누군가는 말했습니다
"그 숲에서 벗어나야 해."

하지만 나는 알았습니다
그곳은 내가 만든 것도
없앨 수도 없는 것임을

나는 이 숲 안에서

나를 알아 가는 법을 배워야 했습니다

가끔은 길을 잃고
어느 나무 아래 주저앉았지만
풀잎 하나를 쓰다듬고
새 소리를 들으며
나는 자주 울고
가끔은 웃었습니다

그리고 언젠가
누군가 내 숲을 지나가게 될 때
나는 그에게 작은 길 하나쯤은
내어 주고 싶었습니다

그가 내 숲을 두려워하지 않기를
내가 내 숲을 사랑할 수 있기를

접었다 펴다 놓지 못한 말

커피 향이 은은히 퍼지는 오후
뜨거운 잔을 두 손으로 감싸면
아주 잠시
세상이 내 편이 되어 주는 것 같아요

카페 구석에 앉아
어제 입가에 맴돌던 말을
조용히 되뇌어요

'좋아해요.'
그 짧은 말을
좋아하는 사람에게
아직 전하지 못했어요

마음을 꺼낸다는 건
여전히 조금은 아픈 일이거든요

몇 번이고
접었다 펴다
결국 꺼내지 못한 채
주머니 깊숙이 넣어 둡니다

가끔은 이런 감정들이
나만 그런 건 아닐까 싶어
하늘을 올려다봐요

구름도 바람도
말이 없는 날엔
내 마음도 조용히 접어
가방 안에 넣고
발끝으로 하루를 살짝 밀어냅니다

소란 없는 날들마저
'하루'라는 이름으로 꼭 안아 주는 일이
사랑 같기도
어쩌면 시 같기도 해요

하지만 누가 알까요
내 마음이 어디까지 닿는지

누군가 와서
조용히 읽어 주기 전엔
나조차 잘 모르겠는걸요

그러니 혹시
이 시를 읽는 당신이라면

그 말,
언젠가 꺼내도 괜찮다고
내 귓가에 살며시
속삭여 주었으면 합니다

말랑함은 죽지 않는다

어릴 적 나는
말랑한 것을 좋아했다

붕사와 물, 색소 몇 방울
기억나지 않는 탄생으로
나는 그것을 생명이라 믿었다

형태 없는 존재는
가장 낮은 곳에 눕고
손에 익을수록 조용히 순해졌다

사물이 저항 없이 찢어질 때
더 많은 것을 품는다는 걸
그땐 몰랐다

그러다 어느 순간부터
나는 그것을 멀리했다

투명한 몸 안에 공기를 품고
붙었다 떨어지는 감정처럼
네모난 통 안에서 울던 그것이
내 마음 같아서

손끝에 스며든 냄새는
불완전한 삶의 잔여물 같고
바닥에 남은 조각은
돌아오지 못한 하루 같았다

손끝은 아직도 그 감각을 놓지 못한다
그 말랑함은 얼마나 조용했던가
모양을 흉내 낼수록
더 희미해지는 날들

학교 앞 문방구는 사라지고
그 자리에 편의점이 들어섰다
슬라임 대신 에너지 드링크와
니코틴 껌이 진열돼 있다

나는 그것을 만지지 않으려 했지만
아직도 무언가를 만지고 있다

손바닥 안에서
천천히 부서지는 하루
투명하고 말랑한 언어
혹은 끈적하게 늘어지는 무력감

그 말랑함은 죽지 않는다

다만 형태를 바꿔
우리 몸 어딘가에
투명하게 잠들어 있을 뿐이다

감각의 문장

시인이 된다는 건
문장을 쓰겠다는 말이 아니다

흔들리고 비틀리고
때로는 나를 부수며
한 편의 시처럼
살아 보겠다는 것이다

새롭게 살아간다는 건
경계를 흐리거나
조금씩 넘어서는 일

그 경계
네가 원한다면 함께 넘어 줄게

내가 글자를 건네면
너는 그것들을 창밖으로 던져 줘

의미는 흩어지고
남는 건 바람을 타는 울림

그래도 의미가 따라온다면
나는 그것들을
거꾸로 매달아
벽에 늘어뜨릴 거야

빛과 시선에 따라
비문처럼 피어나는 단어들

문장이 아닌
감각으로 말할 수 있다면
점도 쉼표도
네 숨결로 찍히겠지

사람들은 말하겠지
"무슨 말인지 모르겠다."
그 말들이 오히려 너를 더 춤추게 할 거야

모호함을 안고
새로운 세계의 문을 두드리는 일
그 설렘으로 우리는
조금씩 다르게 숨 쉬게 되지

그리고 언젠가
매일 똑같던 커피를 타던 손이
문득 물 대신 우유를 따르게 될 거야

어쩌면
그것이 시의 시작일지도 몰라

느린 웃음의 계절

느리게 웃는 계절이 왔다
재미는 따뜻한 빛처럼
늦게 도착하고

눈송이 하나가 웃기까지는
창밖을 다섯 번쯤
바라봐야 한다

귤 하나가 완벽해지려면
햇살에 세 번쯤
몸을 뒤척여야 한다

처음엔 그저 "춥다" 말하다가
두꺼운 담요에 파묻혀
피식, 웃긴 생각 하나 꺼내 본다

입꼬리는 이불 안에서 먼저 퍼지고

웃음은 김처럼 은은히 피어난다

가끔은 김 서린 창문에
'ㅋ' 하나 툭 그려 두고
나는 아무 일도 하지 않으며

하얗게 물든 거리
토끼처럼 뛰노는 아이들을 바라본다

그게 왜 그렇게 귀엽고
괜히 재밌는지
조용히 입안으로 웃음이 밀려온다

요즘은 하하 웃기보다
느리게 머무는 미소가 많아졌다

빨리 재밌어지지 않아도 괜찮다
천천히 도착한 웃음은
그만큼 오래 남는다

귤 향기 가득한 거실

모락모락 피어나는 찻잔 위

고요하게 앉은 따뜻함 속에서

뭉툭한 장갑에 꼭 쥔 손안

그 조용한 재미는

여전히 손끝 어딘가에 남아 있다

님,
찾으시던 시가 도착했습니다

ⓒ 김태은, 2025

초판 1쇄 발행 2025년 9월 29일

지은이	김태은
펴낸이	이기봉
편집	좋은땅 편집팀
펴낸곳	도서출판 좋은땅
주소	서울특별시 마포구 양화로12길 26 지월드빌딩 (서교동 395-7)
전화	02)374-8616~7
팩스	02)374-8614
이메일	gworldbook@naver.com
홈페이지	www.g-world.co.kr

ISBN 979-11-388-4749-0 (03810)

- 가격은 뒤표지에 있습니다.
- 이 책은 저작권법에 의하여 보호를 받는 저작물이므로 무단 전재와 복제를 금합니다.
- 파본은 구입하신 서점에서 교환해 드립니다.

- 이 책은 경상남도, 경남문화예술진흥원의 문화예술 지원을 보조받아 발간되었습니다.